Mitgefühl - der einzige Weg zum Frieden

Eine Ansprache von
Sri Mata Amritanandamayi

gehalten auf dem
Cinéma Vérité – Filmfestival 2007

12. Oktober 2007 – Paris

Mata Amritanandamayi Center, San Ramon
Kalifornien, Vereinigte Staaten

Mitgefühl - der einzige Weg zum Frieden

Eine Ansprache von Sri Mata Amritanandamayi
gehalten auf dem Cinéma Vérité – Filmfestival 2007
12. Oktober 2007 – Paris, Frankreich
Übersetzt von Swami Amritaswarupananda Puri

Herausgegeben von:
    Mata Amritanandamayi Center
    P.O. Box 613
    San Ramon, CA 94583
    Vereinigte Staaten

— *Compassion – The Only Way to Peace* (German) —

Copyright © 2008 by Mata Amritanandamayi
Mission Trust, Amritapuri, Kerala 690546, Indien

Alle Rechte vorbehalten. Kein Teil dieses Buches darf ohne Erlaubnis des Herausgebers, außer für Kurzbesprechungen, reproduziert oder gespeichert werden oder in sonstiger Form – elektronisch oder mechanisch - fotokopiert oder aufgenommen werden. Die Übertragung ist in keiner Form und mit keinem Mittel erlaubt.

Erstausgabe vom MA Center: September 2016

In Deutschland: www.amma.de

In der Schweiz: www.amma-schweiz.ch

In Indien:
    inform@amritapuri.org
    www.amritapuri.org

Einführung

Im Oktober des Jahres 2007 wurde Amma vom französischen Filmverband Cinéma Vérité gebeten, eine Rede über das Anwachsen von Katastrophen in der heutigen Zeit zu halten, seien sie nun natürlichen Ursprungs oder von Menschen bewirkt. Durch Jan Kounens Dokumentarfilm *"Darshan - die Umarmung"*, war Cinéma Vérité auf Amma als eine außergewöhnliche spirituelle Führungspersönlichkeit und Humanistin aufmerksam geworden. Bereits seit längerem konzentriert sich diese Organisation darauf, durch filmische Mittel ein Bewusstsein für die Belange der Menschenrechte zu schaffen. Angeregt durch Kounens Darstellung Ammas empfand Cinéma Vérité, dass nun die rechte Zeit gekommen sei, alljährlich einen Cinéma Vérité – Preis an bestimmte Menschen zu verleihen, die sich durch ihre außergewöhnlichen Aktivitäten darum bemühen, Frieden und Harmonie auf der Welt zu schaffen. Amma war die erste Persönlichkeit, die besagten Preis von dieser Organisation erhielt.

Die Veranstaltung fand im Zentrum von Paris in einer Kunsthalle am *Place de la Bastille* statt, und zwar als Teil des Cinéma Vérité

– Filmfestivals 2007. Weitere daran teilnehmende Würdenträger waren die Friedensnobelpreisträgerin Jodie Williams, die für den Akademie-Preis nominierte Schauspielerin Sharon Stone und die Vertreterin von Sozial- und Menschenrechten Bianca Jagger.

Amma wurde sowohl von Kounen wie auch von Stone vorgestellt und willkommen geheißen. "Es gibt wirklich niemanden, der mehr dazu qualifiziert wäre, über Frieden zu sprechen, als Amma", sagte Kounen. "Nicht nur, dass sie selbst den Frieden l e b t, sie e r w e c k t ihn auch in Anderen. Wir sind hocherfreut über diese Gelegenheit, Amma den ersten Cinéma Vérité – Preis für ihren Beitrag zu Frieden und Harmonie in der Welt zu verleihen."

Dann schilderte Kounen sein Erlebnis, Amma zu filmen. Er sprach von ihr als einem menschlichen Wesen, das die Kraft besitze, andere zu transformieren. „Ich bin in der glücklichen Lage, ein Regisseur zu sein, der sich die Themen seiner Filme aussuchen kann", sagte er. „Dies gab mir die Chance, Zeit mit Amma zu verbringen und die Gelegenheit zu nutzen, Klarheit darüber zu gewinnen, was sie eigentlich tut, aber auch zu begreifen, wer sie wirklich ist. Es erlaubte mir,

Die für den Akademie-Preis nominierte Schauspielerin Sharon Stone überreichte Amma den ersten alljährlich verliehenen Cinéma Vérité-Preis für ihren Beitrag zu Frieden und Harmonie in den Welt..

mich auf eine Reise zu begeben und etwas von dieser Reise mit nach Hause zu bringen – diesen Film. Er ermöglichte mir, anderen Menschen mitzuteilen, wer Amma ist, d.h., was man während der Zeit, da ich bei ihr war, sehen, wahrnehmen und erfahren konnte. Es eröffnete mir sowohl die Gelegenheit, die Botschaft an andere weiterzugeben, als auch persönlich zu bezeugen, wie ein menschliches Wesen eine Umwandlung bei anderen Personen bewirken kann.

Kounen, der sowohl bei Kinofilmen als auch bei einer Reihe von Dokumentationen über mystische Kulturen Regie geführt hat, betrachtet seine Erfahrung, Amma zu filmen, als einzigartig. „Ich habe mich persönlich mit Themen befasst, die von Spiritualität, Heilern oder Menschen handeln, die Wunder vollbringen. Bei Amma jedoch habe ich herausgefunden, dass Zauberei etwas ist, was man tatsächlich sehen kann, etwas, was direkt vor den eigenen Augen geschieht. Am eindrucksvollsten bei ihr ist, dass man die Dinge mit eigenen Augen anschauen kann. Und dies muss man einfach auf den Film bannen – zuerst es selbst sehen und dann anderen Gelegenheit geben, es ebenfalls zu sehen. Ich möchte ihr

Einführung

danken, mir die Möglichkeit gegeben zu haben, diesen Film zu machen. Vielen Dank."

Die nächste Rednerin, die über Amma sprach, war Sharon Stone. „Eine Heilige vorzustellen ist eine große Aufgabe" sagte sie, „und einen Engel zu filmen ist noch einmal etwas anderes. Der Film *„Darshan"* ist außerordentlich inspirierend. Doch das Leben eines Menschen, der sich selbst dem Dienst an anderen weiht, ist etwas, dem wir alle nachstreben können; denn es ist eine Wahl, die man trifft; eine Wahl, sich selbst zu geben, um anderen zu dienen. Wie Milton sagte, als er sein Augenlicht verlor: ‚Einfach dazustehen und zu warten kann auch eine Hilfe sein, nämlich die, jemandem zu dienen.' Wir leben in einer Zeit, in der dies mehr als alles andere Not tut, in einer Zeit, in der wir innehalten sollten, bevor wir Entscheidungen fällen. Denn es sind Güte, Freundlichkeit und Gnade, die unser Handeln bewegen sollten.

Ammas ganzes Dasein ist von Gnade durchdrungen. 26 Millionen Menschen hat sie umarmt. Doch tat sie dies nicht bloß als einen Akt des Gebens, sondern auch als nachahmenswertes Beispiel – als ein Beispiel für Überantwortung, Güte, Rücksichtnahme und Sorge um den Nächsten; sie wartet darauf, Menschen zu umarmen, damit sie ein gutes Leben führen. Bitte heißen Sie nicht nur die Heilige und den Engel, sondern auch diesen Menschen, der das Gute lebt, willkommen!"

Als ein Zeichen der Wertschätzung, die Cinéma Vérité Amma und ihrem Werk entgegenbringt, hängte Sharon Stone Amma anschließend eine silberne Halskette mit einem Medaillon um, was einen lauten, nicht enden wollenden Applaus des Publikums auslöste.

In ihrer Rede "Mitgefühl – der einzige Weg zum Frieden", gab Amma eine realistische und konstruktive Analyse der Probleme, denen sich die Welt heutzutage gegenübergestellt sieht. Dabei ging sie auf die einzelnen Bereiche ein, in denen Disharmonie zu Tage tritt und legte dar, wie nur eine Haltung des Mitgefühls diesen Missstand beseitigen kann.

Im Hinblick auf das Thema Krieg war Amma extrem freimütig. "Seitdem die Welt besteht, gibt es Konflikte", führte sie aus. "Zu behaupten, dass es unmöglich ist, sie völlig zu beseitigen, ruft große Angst hervor. Und doch entspricht es den Tatsachen, nicht wahr?"

Wenn jedoch auch zu akzeptieren sei, dass Krieg nicht völlig zum Verschwinden gebracht

Einführung

---

werden könne, so beklagte sie in ihrer Rede gleichwohl seine Pervertierung im Hinblick auf ethische Regeln und einen bestimmten Verhaltenskodex.

Sie wies darauf hin, dass es in alten Zeiten üblich war, nur Infanteristen gegen Infanteristen, Kavalleristen gegen Kavalleristen usw.. kämpfen zu lassen. Es war nicht erlaubt, einen unbewaffneten Soldaten anzugreifen oder Frauen und Kindern Leid anzutun. Auch wurde der Kampf bei Sonnenuntergang beendet und ging erst bei Sonnenaufgang weiter.

"Dies waren die Grundprinzipien eines dharmischen (gerechten) Krieges", sagte Amma. "Es war eine große Tradition, in welcher man den Feind mit Respekt und Freundlichkeit betrachtete, sowohl innerhalb wie außerhalb des Schlachtfeldes. Die Empfindungen und die Kultur der Bürger des verfeindeten Königreiches wurden respektiert. Das war die mutige Sichtweise der damaligen Menschen."

Die heutige Art der Kriegsführung, so führte Amma aus, sei davon völlig verschieden. "Im modernen Krieg wird das Land des Feindes auf jede nur erdenkliche Weise zerstört. Die Eroberer versuchen den Besiegten zu unterjochen, plündern ihn aus, bringen sein Land, seine natürlichen Ressourcen und Reichtümer in ihren Besitz und nutzen sie für eigene selbstsüchtige Zwecke. Die Kultur und die von Generation zu Generation weitergegebenen Traditionen werden entwurzelt; unschuldige Menschen werden gnadenlos umgebracht."

Die Menschheit habe, so fuhr Amma fort, aufgrund von Hass und Gier Gewalt wie auch Leid in die Welt gebracht und so "zahllose Flüche" auf sich geladen. "Um sich von ihnen zu befreien, sind mindestens hundert Generationen notwendig, die die Tränen der Leidenden fortwischen, sie trösten und ihre Schmerzen lindern. Sollten wir nicht wenigstens jetzt – als eine Art Buße – versuchen, in uns zu gehen?"

Desweiteren ersuchte Amma die Führungspersönlichkeiten der Welt, ihre alten Begriffe und Vorstellungen bezüglich des Krieges aufzugeben. "Wir sollten all die Grausamkeit und Rücksichtslosigkeit beenden, die der Mensch im Namen des Krieges an den Tag gelegt hat. Krieg ist der Gedanke eines unzivilisierten Geistes. Diese Gedanken sollten abfallen und durch neue Blätter, Blüten und Früchte des Mitgefühls und der Schönheit ersetzt werden. Allmählich können wir so unseren inneren Dämon – den 'Wunsch nach Krieg', der sowohl ein Fluch für die Menschheit als auch für die Natur ist – zerstören. Dann können wir in eine neue Ära voller Hoffnung auf Frieden und Glück eintreten."

Den nächsten Konfliktbereich, den Amma ansprach, war der zwischen Wissenschaft und Religion. "In Wirklichkeit sollten Religion und Wissenschaft Hand in Hand gehen", sagte sie. "Wissenschaft ohne Religion ist genauso unvollständig wie Religion ohne Wissenschaft. Unglücklicherweise versucht die Gesellschaft, die Menschheit in religiöse und wissenschaftliche Leute auseinanderzudividieren." Amma erklärte, dass Wissenschaft und Religion in Wahrheit ähnliche Ziele verfolgen – die eine im äußeren, die andere im inneren Laboratorium. Sie sagte: "'Worin besteht das Wesen der wahrgenommenen Welt?' 'Wie bewegt sie sich in vollkommener Harmonie?' 'Woher kommt sie?' 'Wohin geht sie?' 'Wohin führt sie?' 'Wer bin ich?'

Wer stellt all diese Fragen, gläubige oder wissenschaftliche Menschen? – Tatsächlich tun es beide!"

Amma schloss diesen Themenkomplex mit folgender Aussage ab: "Wir sollten unsere

Lektionen aus der Geschichte lernen, jedoch nicht in ihr leben. Wir sollten vielmehr versuchen, aus den dunklen Korridoren der Vergangenheit hinaus in das Licht des Friedens, der Harmonie und der Einigkeit zu treten. Die Einheit von Wissenschaft und Spiritualität wird uns dabei helfen, dies zu erreichen."

Amma ging auch auf die Konflikte zwischen den Religionen ein; menschliche Engstirnigkeit und Ignoranz hätten dazu geführt, dass geistige Bewegungen, die ursprünglich dazu bestimmt waren, als Lichtquelle zu dienen, zu einem Hort der Schatten geworden seien. "Religion und Spiritualität sind der Schlüssel, mit dem wir unsere Herzen zu öffnen und alle Wesen in einer Haltung des Mitgefühls zu betrachten vermögen", sagte sie. "Doch unser durch Selbstsucht blind gewordene Geist hat das rechte Urteilsvermögen verloren; unsere Sichtweise wurde verzerrt. Diese Einstellung wird nur zu noch größerer Dunkelheit führen. Denselben Schlüssel, der eigentlich dazu ausersehen ist, das Herz zu öffnen, wird von unserer verblendeten Denkweise dazu benutzt, unser Herz zu verschließen."

Ein großer Teil von Ammas Rede befasste sich mit der wachsenden Disharmonie zwischen

Mensch und Natur, die furchtbare Auswirkungen nach sich zieht – Erdbeben, Tsunamis, globale Erwärmung, extreme Unwetter, Dürrekatastrophen usw. Wiederum verglich sie die gegenwärtige Situation mit der vergangener Zeiten. "Früher gab es keine besondere Notwendigkeit für die Erhaltung der Umwelt, denn die Natur zu schützen war Teil der Verehrung Gottes, ja Teil des Lebens selbst. Mehr als die Erinnerung an 'Gott' war es für die damaligen Menschen wichtig, die Natur und die Gesellschaft zu lieben bzw. ihnen zu dienen. Sie erkannten den Schöpfer in der Schöpfung. Sie liebten, verehrten und schützten die Natur als sichtbare Gestalt Gottes. Wir sollten versuchen, diese Einstellung wiederzubeleben. Die große Gefahr für die Menschheit ist heutzutage nicht ein dritter Weltkrieg sondern der Verlust der harmonischen Ordnung in der Natur, unsere wachsende Entfremdung von ihr. Daher sollten wir die Wachsamkeit eines Menschen entwickeln, auf den eine Waffe gerichtet wird. Nur dann wird die Menschheit überleben."

Amma gab eine Reihe von Anregungen, wie die verlorengegangene Harmonie zwischen Mensch und Natur wiederhergestellt werden kann: Begrenzung des Schadstoffausstoßes von

Fabriken, die Bildung von Fahrgemeinschaften, das Zurücklegen kurzer Wegstrecken mit dem Fahrrad oder zu Fuß, das Beibehalten von Gemüsegärten im eigenen Haushalt sowie die Anpflanzung mindestens eines Baumes pro Monat durch jeden einzelnen Menschen.

"Die Natur ist unsere erste Mutter", sagte Amma. "Allein von der Milch dieser Mutter werden wir ernährt. Unsere leibliche Mutter gestattet uns vielleicht ein paar Jahre, auf ihrem Schoß zu sitzen, doch Mutter Natur trägt unser Gewicht geduldig, solange wir leben. Sie singt uns in den Schlaf, sie füttert und liebkost uns. Genau wie ein Kind seiner leiblichen Mutter Dank schuldet, so sollten wir uns Mutter Natur gegenüber verantwortlich und zu Dank verpflichtet fühlen. Wenn wir diese Verantwortung vergessen, so ist es das Gleiche, als ob wir unser eigenes Selbst vergessen. Wenn wir die Natur vergessen, hören wir auf zu existieren; so zu handeln heißt dem Tod in die Arme laufen."

Während ihrer ganzen Rede bekräftigte Amma immer wieder mit Nachdruck die Überzeugung, dass im Hinblick auf alle genannten Konfliktbereiche Mitgefühl die einzige wirkliche Lösung sei. "Mitgefühl ist Grundlage des

Friedens", sagte sie. "Mitgefühl existiert in jedem Individuum. Doch ist es schwer, das zu erfahren und in allen Handlungsweisen auszudrücken, es sei denn, wir wenden uns nach innen und suchen tief in uns selbst nach ihm. Wenn wir Frieden in die äußere Welt bringen wollen, sollte zuerst in der eigenen inneren Welt Frieden herrschen."

Das Publikum beantwortete Ammas Rede, die simultan via Kopfhörer sowohl ins Englische als auch ins Französische übersetzt wurde, mit tosendem Beifall. Anschließend wurde der Abend nicht mit Worten sondern mit Taten beendet: liebevoll umarmte sie jeden Teilnehmer der Veranstaltung mit einem innigen *darshan*.

Swami Amritaswarupananda Puri
Zweiter Vorsitzender
Mata Amritanandamayi Math

Mitgefühl - der einzige Weg zum Frieden

Eine Rede von Sri Mata Amritanandamayi
12. Oktober 2007 – Paris, Frankreich

Seit die Welt besteht, gibt es Konflikte. Zu sagen, dass man sie nicht völlig ausrotten kann, ruft große Unruhe hervor. Und dennoch entspricht es den Tatsachen, nicht wahr? Der Grund dafür ist, dass Gut und Böse immer auf der Welt existieren werden. Durch das Bemühen, Gutes anzunehmen und Schlechtes zurückzuweisen, kann die Möglichkeit eines Konfliktes nicht völlig ausgeschlossen werden. Solche Konflikte hat es in beinahe allen Ländern der Erde gegeben, sei es in der Form von inneren Kämpfen, Kriegen oder bewaffneten Angriffen. Wenn auch die Mehrzahl aller Kriege mit dem Ziel geführt wurden, ein gut begründetes rechtmäßiges Anliegen durchzusetzen, kam es doch nur selten vor, dass Rücksicht auf die Empfindungen der Zivilbevölkerung genommen und ein größerer Nutzen erreicht wurde.

Unglücklicherweise wurden die meisten Kriege nicht geführt, um Wahrheit und Gerechtigkeit zu fördern. Sie waren von selbstsüchtigen Motiven geleitet.

Von vor ca. 5000 Jahren bis zur Herrschaft des großen indischen Königs Chandragupta Maurya, dem Gründer der Maurya-Dynastie, spielten Wahrheit und *Dharma* (Rechtschaffenheit) eine wichtige Rolle in allen Kriegen Indiens. Zwar war damals der Sieg über den Feind und, falls nötig, seine Vernichtung ebenso zentraler Bestandteil des Krieges wie heutzutage. Doch gab es klare Regeln, die bei den Kämpfen auf dem Schlachtfeld eingehalten werden mussten.

Beispielsweise war es Infanteristen (Fußsoldaten) lediglich erlaubt, mit ihresgleichen zu kämpfen. Berittene Soldaten konnten nur mit berittenen Soldaten kämpfen. Soldaten, die auf Elefanten ritten oder in Streitwagen fuhren, durften nur mit ebenbürtigen Soldaten kämpfen. Die gleichen Regeln galten für Soldaten, die mit Keulen, Schwertern und Speeren kämpften, wie auch für Bogenschützen. Ein Soldat, der verletzt oder unbewaffnet war, durfte nicht angegriffen werden. Es war nicht erlaubt, Frauen, Kinder, Alte und Kranke anzugreifen. Die Kämpfe begannen mit dem Klang eines Muschelhorns bei Sonnenaufgang und endeten exakt bei Sonnenuntergang. Anschließend vergaßen die Soldaten ihre Feindschaft und aßen alle miteinander zu Abend. Der Kampf wurde am nächsten Morgen bei Sonnenaufgang fortgesetzt.

Es kam sogar vor, dass siegreiche Könige freudig das gesamte Königreich mit allen Reichtümern an die besiegten Könige oder deren Erben zurückgaben. Dies war im Allgemeinen die Art und Weise, in der ein *dharmischer* Krieg geführt wurde. Das Herausragende an dieser Tradition war, dass der Feind mit Respekt und Achtung behandelt wurde, sowohl auf dem Schlachtfeld als auch außerhalb davon. Die Gefühle und die Kultur der Bevölkerung des feindlichen Königreiches wurden respektiert. Die Menschen hatten damals eine sehr couragierte Haltung.

Um terroristischen Angriffen vorzubeugen, hat man viele strenge Sicherheitsvorkehrungen an Flughäfen und anderen Einrichtungen eingeführt. Auch wenn solche Maßnahmen sehr wichtig für unsere physische Sicherheit sind, stellen sie jedoch keine endgültige Lösung dar. Es gibt sogar eine bestimmte Art von Sprengstoff, die am zerstörerischsten von allen ist. Er kann von keinem

Gerät entdeckt werden. Dieser Sprengstoff ist der Hass, die Abscheu und die Rache im Gemüt der Menschen.

In diesem Zusammenhang fällt Amma eine Geschichte ein.

Das Oberhaupt eines Dorfes feierte seinen hundertsten Geburtstag. Viele Würdenträger und Zeitungsreporter waren bei dem Fest anwesend. Einer der Reporter fragte ihn: „Wenn sie auf ihr langes Leben zurückblicken, worauf sind sie am meisten stolz?"

Der alte Mann antwortete: „Nun, ich bin einhundert Jahre alt geworden und habe dennoch keinen einzigen Feind auf diesem Planeten."

„Wirklich? Das ist wirklich außergewöhnlich!", sagte der Reporter. „Möge ihr Leben eine Inspiration für andere sein! Bitte sagen sie mir, wie sie das geschafft haben."

„Nun", sagte der alte Mann, „es war sehr einfach. Ich habe lediglich dafür gesorgt, dass keiner von ihnen mehr am Leben ist."

Krieg und Gewalt werden kein Ende finden, wenn wir nicht unsere zerstörerischen Emotionen beseitigen.

Im modernen Krieg wird das Land des Feindes auf jede nur erdenkliche Weise zerstört. Die

Eroberer versuchen den Besiegten zu unterjochen, plündern ihn aus, bringen sein Land, seine natürlichen Ressourcen und Reichtümer in ihren Besitz und nutzen sie für ihre eigenen selbstsüchtigen Zwecke. Die Kultur und die von Generation zu Generation weitergegebenen Traditionen werden entwurzelt; unschuldige Menschen werden gnadenlos umgebracht.

Außerdem können wir jetzt noch gar nicht abschätzen, wie stark die giftigen Dämpfe, die von den Bomben und anderen Waffen ausgestoßen werden, die Atmosphäre und den Erdboden verschmutzen. Wie viele Generationen werden körperlich und geistig noch unter den Folgen leiden? Im Zuge eines Krieges kommt es immer nur zu Tod, Armut, Hungersnot und Epidemien. Dies sind die Geschenke des Krieges an die Menschheit.

Heutzutage zetteln reiche Länder oftmals lediglich deshalb einen Krieg an, weil sie den Verkauf ihrer neuesten Waffen ankurbeln wollen. Gleich welche Handlung wir begehen, selbst im Krieg – das Ziel sollte immer der Schutz der Wahrheit und des *dharmas* sein. Amma sagt nicht, dass Krieg unvermeidbar wäre. Prinzipiell ist Krieg niemals etwas, das nötig wäre. Werden wir jedoch jemals dazu fähig sein, Krieg völlig aus der Welt zu schaffen, solange die Köpfe und Herzen der Menschen weiterhin voller Konflikte sind? Darüber sollten wir wirklich einmal nachdenken.

Einer der Hauptgründe für viele der Konflikte in der heutigen Zeit ist die Trennung zwischen Wissenschaft und Religion. Eigentlich sollten Religion und Wissenschaft eng miteinander verknüpft sein. Sowohl eine Religion ohne Wissenschaft als auch eine Wissenschaft ohne Religion sind unvollständig.

Die Gesellschaft versucht uns jedoch in religiöse und wissenschaftliche Menschen auseinanderzudividieren. Wissenschaftler sagen, dass Religion und Spiritualität auf blindem Glauben beruhen. Im Gegensatz dazu sei die Wissenschaft ein Faktum und durch Experimente beweisbar. Die Frage ist: Auf welcher Seite stehst du? Auf Seiten des Glaubens oder auf Seiten bewiesener Fakten?

Es ist nicht korrekt, zu behaupten, dass Religion und Spiritualität auf blindem Glauben beruhen und ihre Prinzipien nicht beweisbar seien. Es ist sogar so, dass spirituelle Meister noch erschöpfendere Untersuchungen als die modernen Wissenschaftler durchgeführt haben. So, wie moderne Wissenschaftler die äußere Welt erforschen, haben die großen Heiligen ihre Forschung in den inneren Laboratorien ihres Geistes durchgeführt. Von diesem Standpunkt aus betrachtet, waren sie ebenfalls Wissenschaftler. In Wahrheit ist die Grundlage einer wahren Religion niemals blinder Glaube, sondern „Sraddha". Sraddha heißt Erforschen. Es bedeutet die eingehende Untersuchung des eigenen Selbst.

Von welcher Natur ist die Welt, in der wir leben? Wie kann sie in völliger Harmonie sein? Woher kommt sie? Wohin geht sie? Wer bin ich? Solche Fragen wurden erforscht. Wer ist es, der solche Fragen stellt? Menschen des Glaubens oder der Wissenschaft? Die Antwort ist: beide.

Die Heiligen der Vergangenheit waren große Intellektuelle. Sie waren aber auch Seher, die die Wahrheit erkannt hatten. Intellektuelle sind auf jeden Fall eine Bereicherung für die Gesellschaft. Bloße Worte und Gedanken reichen jedoch nicht aus. Es sind die Menschen, die nach solchen Prinzipien leben, welche diesen Worten und Gedanken Leben und Schönheit verleihen.

Vor langer Zeit gab es einen *mahatma*, der ein Buch mit dem Titel „*Mitgefühl im Leben*" schrieb. Um finanzielle Unterstützung für die Veröffentlichung zu bekommen, suchte er einige Bekannte auf, die sich bereit erklärten, ihm zu helfen. Als er jedoch gerade dabei war, sein Buch zur Druckerei zu bringen, brach eine Hungersnot in seinem Dorf aus und viele Menschen begannen zu sterben. Ohne darüber nachzudenken nahm er das Geld, das für den Buchdruck vorgesehen gewesen war, und verwendete es, um die Armen und Hungernden zu speisen. Seine Freunde waren darüber sehr verärgert. Sie fragten ihn: „Was hast du getan? Wie willst du nun das Buch drucken? Armut und Hunger sind etwas ganz Normales. Geburt und Tod kommen ständig in dieser Welt vor. Es war nicht richtig, angesichts dieser völlig normalen Vorkommnisse so viel Geld auszugeben." Der *mahatma* sagte nichts; er reagierte lediglich mit einem Lächeln.

Nach einiger Zeit bat der *mahatma* erneut dieselben Freunde, ihn bei seinem Buch zu unterstützen. Sie gaben ihm das Geld, wenn auch etwas zögerlich. Als er jedoch das Buch zur Druckerei bringen wollte, ereignete sich einen Tag vorher eine große Flutkatastrophe. Tausende starben und noch viel mehr Menschen verloren ihre Häuser und all ihren Besitz. Wieder verwendete er das Geld, um dem Opfern der Katastrophe zu helfen. Diesmal waren seine Freunde noch ärgerlicher. Sie schimpften sehr mit ihm. Doch der *mahatma* reagierte nicht auf ihre Worte; er lächelte sie nur an.

Trotz all dieser Schwierigkeiten schaffte er es schließlich, sein Buch zu drucken. Als es jedoch veröffentlicht wurde, hatte es den Titel: *„Mitgefühl im Leben: Band 3"*. Wütend fragten ihn seine Freunde: „Hey, solltest du nicht ein *sannyasin* – ein Befolger der Wahrheit – sein? Wie kannst du nur solch eine Lüge begehen? Wie kann dieses Buch der dritte Band sein? Wo sind die ersten beiden Bände? Willst Du uns für dumm verkaufen?"

Der *mahatma* sagte mit einem Lächeln: „Wisst ihr, dies ist eigentlich der dritte Band des Buches. Der erste Band erschien, als das Dorf unter der Hungersnot litt. Der zweite Band, als das Leben und der Besitz tausender Menschen von der Flut hinweggespült wurden. Die ersten beiden Bände zeigen uns, wie wir auf praktische Art und Weise mehr Mitgefühl in unser Leben bringen können. Meine lieben Freunde, Bücher sind lediglich leblose Worte. Wenn ein lebendiges menschliches Wesen nach Hilfe ruft und wir nicht dazu in der

Lage sind, ihm liebevoll die Hand zu reichen und ihm ans andere Ufer zu helfen, wozu dient dann ein Buch, in dem Mitgefühl beschrieben wird?"

Wenn wir Leben und Bewusstheit in unsere Worte und Gedanken bringen möchten, müssen wir sie zu Taten werden lassen. Um dieses Ziel zu erreichen sollten wir einen Weg finden, wie Religion und Wissenschaft sich in Harmonie miteinander weiterentwickeln können. Diese Einheit sollte nicht nur oberflächlich sein. Wir sollten ernsthaft versuchen, die Aspekte von Religion und Wissenschaft, welche für die Gesellschaft von Nutzen sein können, zu verstehen und umzusetzen.

Wenn man von einem rein wissenschaftlichen Geist erfüllt ist, wird man kein Mitgefühl empfinden. Ein solcher Mensch wird zu Angriff, Unterdrückung und Ausbeutung anderer neigen. Wenn jedoch eine wissenschaftliche Einstellung auf ein tiefes Verständnis von Spiritualität – der wahren Essenz von Religion – trifft, führt das zu spontanem Mitgefühl und zur Zuneigung allen lebenden Wesen gegenüber.

Die Weltgeschichte schreibt hauptsächlich Geschichten von Feindschaft, Rache und Hass. Die Flüsse des Blutes, das der Mensch vergossen hat, um alles an sich zu reißen und unter seine Kontrolle zu bringen, müssen erst noch austrocknen. Angesichts all der Grausamkeit, die wir in die Welt gebracht haben, entsteht rückblickend sogar der Eindruck, dass die Menschheit nicht das geringste Mitgefühl hatte.

Wir sollten unsere Lektionen aus der Geschichte lernen, jedoch nicht in ihr leben. Wir sollten versuchen, aus den dunklen Korridoren der Vergangenheit hinaus in das Licht des Friedens, der Harmonie und der Einigkeit zu treten. Die Einheit von Wissenschaft und Spiritualität wird uns dabei helfen, dies zu erreichen. Religion und Spiritualität sind der Schlüssel, mit dem wir unsere Herzen zu öffnen und alle Wesen in einer Haltung des Mitgefühls zu betrachten vermögen. Doch unser durch Selbstsucht erblindete Geist hat das rechte Urteilsvermögen verloren; unsere Sichtweise wurde verzerrt. Diese Einstellung wird nur zu noch größerer Dunkelheit führen. Denselben Schlüssel, der eigentlich dazu bestimmt war, das Herz zu öffnen, wird von unserer verblendeten Denkweise dazu benutzt, unser Herz zu verschließen.

Es gibt eine Geschichte von vier Männern, die auf dem Weg zu einer religiösen Konferenz waren und gemeinsam die Nacht auf einer Insel verbringen mussten. Es war eine bitterkalte Nacht. Jeder Reisende trug eine Streichholzschachtel und ein kleines Bündel Feuerholz in seinem Gepäck. Jeder von ihnen dachte jedoch, dass er der einzige mit Feuerholz und Streichhölzern sei.

Einer von ihnen dachte: „So, wie das Medaillon dieses Mannes aussieht, hat er eine andere Religion. Wenn ich ein Feuer entzünde, wird auch er von dessen Wärme profitieren. Warum sollte ich mein kostbares Holz dazu verwenden, ihn zu wärmen?"

Der zweite Mann dachte: „Dieser Mann stammt aus dem Land, das schon immer gegen uns gekämpft hat. Mir würde nicht im Traum einfallen, mein Holz dazu zu verwenden, es ihm gemütlich zu machen!"

Der dritte Mann blickte zu den anderen und dachte sich: „Ich kenne diesen Typen. Er gehört zu einer Sekte, die in meiner Religion ständig Probleme verursacht. Ich werde mein Holz nicht zu seinem Wohl verschwenden!"

Der vierte Mann dachte: „Dieser Mann hat eine andere Hautfarbe und ich hasse das! Ich werde auf keinen Fall mein Holz mit ihm teilen!"

Eine Ansprache von Sri Mata Amritanandamayi

Letztlich war keiner von ihnen bereit, mit seinem Holz die anderen zu wärmen und so waren sie alle am nächsten Morgen erfroren. In gleicher Weise hegen wir im Namen von Religion, Nationalität, Farbe und Kaste Feindschaft anderen gegenüber, ohne unseren Mitmenschen Mitgefühl entgegen zu bringen.

Wir halten viele Konferenzen im Namen des Friedens ab. Doch welche Veränderungen können wir uns davon erhoffen, lediglich an einem Tisch zu sitzen und zu reden? Wenn alles gesagt und getan ist und wir uns die Hände schütteln und auseinandergehen, ist diese Geste ein wirklicher Ausdruck der Liebe und des Mitgefühls, das wir in unseren Herzen empfinden? Wenn nicht, dann hat auch kein wirklicher Dialog stattgefunden. Für einen echten Dialog braucht es Offenheit und ein Gefühl von Einheit im Herzen. Dies stellt sich nur dann ein, wenn die Wände von Feindschaft, Voreingenommenheit und Rache verschwinden.

Jeder sorgt sich um den Schutz der Umwelt. Wir erkennen dabei jedoch nicht die Lektionen, die uns die Natur erteilen will. Betrachten Sie einmal die Natur im Winter. Die Bäume verlieren ihre alten Blätter. Sie tragen keine Früchte mehr. Sogar Vögel sieht man nur noch selten auf den Bäumen. Doch wenn der Frühling kommt verwandelt sich die ganze Natur. Neue Blätter wachsen an den Bäumen und Büschen. Schon bald haben die Bäume viele Blüten und Früchte. Der Gesang der Vögel und das Flattern ihrer Flügel erklingt überall. Die ganze Natur beginnt zu duften und ist von Lebenskraft erfüllt. Dieselben Bäume, die noch vor wenigen Monaten zu sterben schienen, sind nun von neuer Energie, Schönheit und Lebenskraft erfüllt.

In gleicher Weise sollten die Länder dieser Erde und ihre Regierungen ihre alten Einstellungen und Ansichten über den Krieg ablegen. Wir sollten die Grausamkeit und Brutalität, die der Mensch im Namen des Krieges an den Tag gelegt hat, beenden. „Krieg" ist ein Gedanke in einem unzivilisierten Gemüt. Diese veralteten Vorstellungen sollten von uns abfallen und von neuen Blättern, Blüten und den Früchten des Mitgefühls und der Schönheit ersetzt werden. Dadurch können wir immer mehr unseren inneren Dämon – das Verlangen nach Krieg – zerstören, der sowohl für die Menschheit als auch für die Natur ein Fluch ist. Dann können wir eine neue Ära beginnen, die von Hoffnung auf Frieden und Glück erfüllt ist.

Mitgefühl ist die Grundlage für Frieden. Jeder Mensch verfügt über Mitgefühl. Es ist jedoch schwierig, dieses Mitgefühl zu spüren und ihm in all unseren Handlungen Ausdruck zu verleihen. Wir müssen uns nach innen wenden und unser tiefstes Inneres untersuchen. „Fühlt sich mein Herz noch lebendig an? Kann ich noch immer die Quelle der Liebe und des Mitgefühls in mir spüren? Schmilzt mein Herz noch immer angesichts der Schmerzen und des Leids anderer? Habe ich mit denjenigen, die leiden, geweint? Habe ich wirklich versucht, die Tränen eines anderen zu trocknen, ihn zu trösten? Habe ich jemandem wenigstens eine Mahlzeit oder etwas zum Anziehen gegeben?" So sollten wir uns aufrichtig fragen. Dann wird das beruhigende Mondlicht des Mitgefühls spontan in unserem Gemüt zu leuchten beginnen.

Wenn wir Frieden in der äußeren Welt erreichen wollen, muss unsere innere Welt in Frieden sein. Frieden ist keine intellektuelle Entscheidung. Er ist eine Erfahrung.

Mitgefühl und Menschlichkeit machen eine Führungsperson wahrhaft mutig. Jeder, der über genügend Reichtum, Waffen und Wissen verfügt, kann einen Krieg führen. Doch niemand kann die Kraft der Liebe oder das Gefühl der Einheit im Herzen besiegen.

Wenn unsere Gemüter, Augen, Ohren und Hände doch nur den Kummer und Schmerz anderer verstehen und fühlen könnten! Wenn dies möglich wäre, wie viele Selbstmorde hätten verhindert werden können? Wie viele Menschen hätten Nahrung, Kleidung und Unterkunft finden können? Wie viele Kinder hätten vor dem Waisenhaus bewahrt werden können? Wie vielen Frauen, die ihren Körper verkaufen, um ihren Lebensunterhalt zu verdienen, hätte geholfen werden können? Wie viele Kranke, die unter unsäglichen Schmerzen leiden, hätten Medikamente und eine ärztliche Behandlung erhalten können? Wie viele Konflikte, die im Namen von Geld, Ruhm und Macht ausgetragen werden, hätten verhindert werden können?

Die Natur ist ein riesiger Blumengarten. Tiere, Vögel, Bäume, Pflanzen und Menschen sind die verschiedenfarbigen Blüten dieses Gartens. Die Schönheit dieses Gartens ist erst dann vollkommen, wenn sie alle in Einheit zusammenleben und dabei die Schwingungen der Liebe und des Einsseins verströmen. Mögen sich alle Gemüter in Liebe vereinen. Lasst uns zusammenarbeiten, um die verschiedenenartigen Blüten zu erhalten und die ewige Schönheit des Gartens zu bewahren.

Der erste Schritt zur Entwicklung von Mitgefühl ist, alle Dinge, die wir als leblos bezeichnen, wie z.B. Steine, Sand, Felsen, Holz usw., mit Liebe und Respekt zu behandeln. Wenn wir für diese leblosen Gegenstände Liebe und Zuneigung empfinden können, wird es leicht sein, Bäumen, Büschen, Vögeln, Tieren, Wassertieren, Flüssen, Bergen und allem anderen in der Natur Liebe und Mitgefühl entgegen zu bringen. Wenn wir diesen Zustand erreichen können, werden wir ganz automatisch auch für die gesamte Menschheit Mitgefühl haben.

Sollten wir nicht dem Stuhl und den Felsen dankbar dafür sein, dass sie uns die Möglichkeit bieten, uns hinzusetzen und auszuruhen? Sollten wir nicht der Mutter Erde unseren Dank entgegenbringen, weil sie uns in ihrem Schoß geduldig rennen, springen und spielen lässt? Sollten wir nicht den Vögeln dankbar sein, die für uns singen, den Blumen, die für uns blühen, den Bäumen, die uns Schatten spenden und den Flüssen, die für uns fließen?

Jede Morgendämmerung bringt uns einen neuen Sonnenaufgang. Wenn wir in der Nacht alles vergessen und schlafen kann uns alles Mögliche passieren, sogar der Tod könnte uns ereilen. Danken wir jemals der großen Kraft, die uns am nächsten Morgen wieder aufwachen und genauso wie vorher auch funktionieren lässt, ohne dass unserem Körper oder Geist etwas geschehen ist? Nur mitfühlende Menschen können Dankbarkeit empfinden.

Der von Menschen verursachte Krieg und Tod oder die Tränen der unschuldigen Opfer solcher Tragödien nehmen kein Ende. Wozu das alles? Um zu erobern, Überlegenheit zu demonstrieren und unsere Gier nach Geld und Ruhm zu stillen. Die Menschheit hat unzählige Flüche auf sich genommen. Um sich wieder von ihnen zu befreien sollten mindestens einhundert kommende Generationen die Tränen der Leidenden trocknen, um sie zu trösten und ihren Schmerz zu lindern. Sollten wir nicht wenigstens jetzt als Wiedergutmachung unser Inneres betrachten?

Kein egoistischer und selbstsüchtiger Herrscher, dem es nur darum ging, seine eigenen Interessen zu wahren, hat jemals Frieden und Glück erfahren, indem er die Welt erobert und Menschen verfolgt hat. Ihr Tod und die Tage zuvor waren die Hölle auf Erden. Die Geschichte ist voller Beweise für diese große Wahrheit. Daher sollten wir dankbar diese kostbare Gelegenheit nutzen, auf dem Weg des Friedens und des Mitgefühls voran zu schreiten.

Amma erinnert uns immer daran, dass wir weder etwas auf diese Welt mitbringen, noch etwas mitnehmen, wenn wir sie wieder verlassen. Wir müssen lernen, von der Welt und ihren Objekten losgelöst zu sein, indem wir erkennen, dass sie uns niemals dauerhaftes und wahres Glück geben können.

Um diesen Punk zu illustrieren erzählt Amma eine Geschichte von Alexander dem Großen. Wie ihr alle wisst, war Alexander ein großer Krieger und Herrscher, der fast ein Drittel der Welt erobert hatte. Er wollte die ganze Welt beherrschen, wurde jedoch in einem Kampf besiegt und bekam eine tödliche Krankheit. Einige Tage vor seinem Tode rief er alle seine Minister zusammen um ihnen zu erklären, wie er begraben werden wolle. Er sagte ihnen, dass er auf beiden Seiten seines Sarges Öffnungen wünsche, durch die seine Arme hindurchgestreckt werden sollen, und zwar mit den Handflächen nach oben geöffnet. Die Minister fragten ihren Herrn nach dem Grund seines Wunsches.

Alexander erklärte, dass auf diese Weise alle erfahren würden, dass der „Große Alexander", der sein gesamtes Leben lang nach Besitz und Eroberungen gestrebt hatte, die Welt mit leeren Händen verließe. Er habe noch nicht einmal seinen Körper mitnehmen können. Dadurch würden die Menschen verstehen, wie sinnlos es sei, sein ganzes Leben lang nur hinter Besitztümern herzujagen.

Amma möchte, dass wir die Unbeständigkeit der Welt und ihrer Objekte verstehen. Sie sind vergänglich und können uns niemals nach dem Tod begleiten.

Alles im Universum unterliegt einem Rhythmus. Der Wind, der Regen, die Wellen, unser Atem und der Herzschlag – alles hat seinen Rhythmus. Dies gilt auch für das Leben an sich. Unsere Gedanken und Handlungen erschaffen den Rhythmus und die Melodie unseres Lebens. Wenn der Rhythmus unserer Gedanken verlorengeht, wirkt sich dies auf unsere Handlungen aus. Das bringt wiederum den gesamten Lebensrhythmus durcheinander. Dies können wir heutzutage überall um uns herum beobachten.

In der heutigen Zeit wird der Luft immer verschmutzter; das Wasser ebenfalls. Flüsse trocknen aus. Wälder werden zerstört. Neue Krankheiten breiten sich aus. Wenn dies so weitergeht wartet eine riesige Katastrophe auf Natur und Menschheit.

Amma will ein Beispiel dafür geben, wie die Verschmutzungen die Umwelt beeinträchtigen. Amma erinnert sich noch daran, wie es in ihrer Kindheit war, wenn ein Kind sich geschnitten hatte oder mit einer Schürfwunde heimkam. Die Mutter bedeckte die Wunde mit Kuhdung. Dies beschleunigte die Wundheilung. Wenn wir das jedoch heutzutage machten, würde sich die Wunde entzünden. Man könnte sogar sterben. Heutzutage ist Kuhdung giftig. Was einst heilsam war ist heute giftig geworden.

Die gegenwärtige Generation lebt, als ob sie keine Verbindung mit der Natur hätte. Alles um uns herum ist künstlich. Heutzutage essen wir Früchte und Getreide, die mit künstlichen Düngemitteln und Pestiziden aufwuchsen. Wir fügen Konservierungsstoffe hinzu, damit sie länger haltbar sind. Dadurch nehmen wir – bewusst oder unbewusst – ständig Giftstoffe zu uns. In Folge dessen entstehen immer mehr neue Krankheiten. Tatsache ist, dass vor langer Zeit die durchschnittliche Lebenserwartung über 100

Jahre betrug. Doch heutzutage leben die Menschen nur noch 80 Jahre lang und 75 Prozent der Bevölkerung ist krank.

Nicht nur, dass die Nahrung, die wir essen und das Wasser, das wir trinken verschmutzt sind; sogar die Luft, die wir einatmen ist voller Giftstoffe. Daher sind die Abwehrkräfte der Menschen geschwächt. Schon jetzt brauchen viele Leute Inhaliergeräte, um atmen zu können, und ihre Anzahl wird steigen. In wenigen Jahren wird der Mensch mit Sauerstoffgeräten umherlaufen müssen, wie Leute an Orten ohne Sauerstoff. Die meisten Menschen sind heutzutage gegen etwas allergisch. Sie sind gegen die scheinbar unbedeutendsten Dinge allergisch. Kurz, aufgrund der zunehmenden Entfremdung zwischen Mensch und Natur wird es für uns immer schwieriger zu überleben.

Heutzutage haben sich nicht nur die Menschen, sonder auch die Tiere und die Pflanzen, die bei uns leben und aufwachsen, von der Natur entfremdet. Wildpflanzen überleben bei jedem Wetter, indem sie sich an die Bedingungen, die in der Natur herrschen, anpassen. Zimmerpflanzen können jedoch nicht von selbst überleben und müssen mit Pflanzenschutzmitteln behandelt werden. Sie brauchen so viele Spezial-Behandlungen, dass sie in der Natur gar nicht mehr überleben könnten.

Wälder werden zerstört und an ihrer Stelle Hochhäuser gebaut. Viele Vögel bauen ihre Nester in diesen Hochhäusern. Wenn wir uns ihre Nester genauer betrachten stellen wir fest, dass sie aus Drähten und Plastikteilen gebaut sind. Das liegt daran, dass es immer weniger Bäume gibt. Vielleicht gibt es schon bald gar keine Bäume mehr. Die Vögel sind dabei, sich an eine neue Umweltbedingungen anzupassen.

Nicht anders ergeht es den Honigbienen. Normalerweise haben Bienen kein Problem damit, drei Kilometer weit zu fliegen, um Nektar zu sammeln. Doch heutzutage verirren sich viele Bienen beim Nektarsammeln. Sie sind unfähig, sich an ihren Rückweg zu erinnern. Weil sie ihren Bienenstock nicht mehr finden sterben sie einfach. Auf indirekte Weise haben wir unsere Nahrung den Bienen zu verdanken. Die Bienen spielen eine wichtige Rolle beim Erhalt der Natur und der Menschen. Sie helfen bei der Befruchtung der Pflanzen, die uns mit Früchten und Getreide versorgen. In gleicher Weise profitiert die Menschheit von jeder einzelnen lebenden

Kreatur. Alle Wesen auf der Erde hängen in ihrem Überleben voneinander ab. Wenn der Motor eines Flugzeuges defekt ist kann es nicht fliegen. Wenn jedoch nur eine einzige wichtige Schraube kaputt ist, kann es ebenfalls nicht fliegen. Gleichermaßen spielt selbst das kleinste Lebewesen eine wichtige Rolle. Alle lebenden Kreaturen brauchen unsere Hilfe zum Überleben. Dies ist auch unsere Verantwortung.

Die Bevölkerung nimmt weltweit ständig zu. Es wird immer schwieriger, genügend Nahrung und Getreide zu produzieren, um der wachsenden Nachfrage gerecht zu werden. Daher experimentieren Wissenschaftler mit verschiedenen künstlichen Methoden, wie z.B. chemischen Düngemitteln, um die Produktivität der Nahrungsmittelpflanzen zu erhöhen. Auf diese Weise benötigen Pflanzen, die normalerweise nach sechs Monaten Früchte tragen, nur noch zwei Monate. Der Nährwert solcher Gemüsesorten entspricht jedoch nur noch einem Drittel im Vergleich zu vorher. Darüber hinaus hat sich die Lebensdauer dieser Pflanzen extrem reduziert. Es ist offensichtlich, dass unsere künstlichen Methoden uns nicht weiterbringen.

Eine Ansprache von Sri Mata Amritanandamayi

Die Natur ist wie eine Ente, die goldene Eier legt. Wenn wir jedoch die Ente töten und versuchen, alle goldenen Eier auf einmal zu erwischen, werden wir alles verlieren. Wir sollten damit aufhören, die Natur zu verschmutzen und auszubeuten. Die Natur erfüllt uns jeden Wunsch, sie überschüttet uns im Überfluss. Doch heutzutage gleicht unsere Lage mehr einem Narren, der an dem Ast sägt, auf dem er sitzt.

Wenn die Anzahl unserer weißen Blutkörperchen ansteigt, kann dies ein Hinweis auf Krebs sein. Es ist nicht so, dass weiße Blutkörperchen gefährlich sind, sondern wenn sie über eine bestimmte Anzahl hinaus ansteigen, werden wir krank. Gleichermaßen brauchen wir zum Leben die Ressourcen der Natur. Wenn wir sie jedoch ausbeuten und der Natur schaden, wird es sowohl für uns als auch für andere gefährlich.

Amma hat einen Wunsch. Jeder einzelne Mensch auf diesem Planeten sollte seinen Teil zur Wiederherstellung der Harmonie in der Natur beitragen. Als erstes sollten wir alles in unserer Macht Stehende tun, um die Umweltverschmutzung zu stoppen. Fabriken und die Industrie sind notwendig. Wir sollten jedoch neue Wege finden, um die Luft- und Wasserverschmutzung, die sie verursachen, zu reduzieren. Außerdem ist es besser, Fabriken weit genug entfernt von Wohngebieten zu bauen.

Einer der Hauptgründe für die Verschmutzung in den Städten ist die zunehmende Anzahl von Kraftfahrzeugen. Jetzt schon besitzen die meisten Familien mehr als ein Auto. Wenn fünf Menschen in einer Gegend wohnen und auch in der Nähe voneinander arbeiten, sollten sie gemeinsam zur Arbeit fahren. Sie können sich beim Fahren abwechseln. Wenn dies ein ganzes Land tun würde, gäbe es statt 100.000 Autos nur noch 20.000. Die Umweltverschmutzung würde ebenfalls geringer werden. Wir würden auch enorm viel Öl sparen. Wir alle wissen, dass die Ölmenge in dieser Welt immer kleiner wird. Wenn wir Mitfahrgelegenheiten anbieten, wird das verbleibende Öl länger ausreichen. Doch am Wichtigsten ist, dass die Liebe und der Zusammenhalt zwischen den Menschen steigen würden. Amma findet, dass dieser Ratschlag von jedem in die Tat umgesetzt werden kann.

Wenn wir kürzere Distanzen zu überwinden haben könnten wir mit dem Fahrrad fahren, anstatt Benzin zu verschwenden. Auf diese Weise bekommen wir sogar noch ein Fitnesstraining.

Einer der Hauptgründe für die zunehmende Anzahl von Krankheiten ist heutzutage die mangelnde körperliche Ertüchtigung. Manche Mütter beschweren sich bei Amma: „Ich gebe so viel Geld für den Sportverein meiner Kinder aus." Wenn Amma sie fragt, wie die Kinder zum Sportverein kommen, sagen die Mütter: „Oh, ich bringe sie mit dem Auto hin." Eigentlich ist der Verein nur einen oder zwei Kilometer entfernt. Wenn das Kind einfach nur diesen Weg zu Fuß gehen würde, wäre das nicht schon genug Sport? Dann könnte der Mitgliedsbeitrag gespart werden.

In vielen Ländern hat heutzutage kaum noch jemand einen Gemüsegarten. Selbst wenn wir nur eine winzige Fläche Land besitzen sollten wir versuchen, ein bisschen Gemüse darauf anzupflanzen. Wir sollten biologische Düngemittel verwenden. Wir sollten etwas Zeit mit unseren Pflanzen verbringen. Wir sollten mit ihnen reden und sie küssen. Diese Beziehung zu unseren Pflanzen wird uns neue Lebenskraft schenken.

Wälder spielen eine wichtige Rolle beim Erhalt der Harmonie in der Natur. Wir haben es ausschließlich unseren Wäldern zu verdanken, dass die Natur noch immer halbwegs ausgeglichen ist. Alle Länder sollten versuchen, die bestehenden Wälder zu erhalten und so viele Bäume wie möglich zu pflanzen. Wir sollten uns alle fest vornehmen, mindestens einen Baum pro Monat zu pflanzen. Dadurch würde ein einziger Mensch zwölf Bäume pro Jahr pflanzen. Wenn alle mitmachten, könnten wir in kürzester Zeit die Schönheit der Natur auf der Erde wieder herstellen. Amma hat von einem bestimmten Baum gehört (dem Tabonuco-Baum in der Karibik). Die Wurzeln dieses Baumes sind mit denen der anderen Bäume verschlungen. Dadurch können die Bäume sogar bei einem starken Sturm nicht entwurzelt werden. Wenn wir in Harmonie mit der Natur leben, sie lieben und uns mit ihr eins fühlen, dann werden wir die Kraft haben, jede Krise zu überwinden.

Die Natur ist unsere erste Mutter. Sie ernährt uns unser gesamtes Leben lang. Unsere leibliche Mutter erlaubt uns vielleicht ein paar Jahre lang, auf ihrem Schoß zu sitzen. Mutter Natur erträgt uns jedoch geduldig unser gesamtes Leben lang. Mutter Natur singt uns in den Schlaf, füttert und streichelt uns. So, wie ein Kind seiner leiblichen Mutter zu Dank verpflichtet ist, sollten wir uns für Mutter Natur gegenüber verpflichtet und verantwortlich fühlen. Wenn wir diese

Verantwortung vergessen, vergessen wir auch uns selbst. Wenn wir die Natur vergessen, werden wir nicht mehr länger existieren; dies ist gleichbedeutend mit einem Gang in den Tod.

In früherer Zeit musste die Umwelt in keiner besonderen Weise geschützt werden, da die Achtung vor der Natur Teil der Gottesverehrung und der Verehrung des Lebens an sich war. Die Leute haben damals die Natur und ihre Mitmenschen geliebt und ihnen gedient, statt lediglich von Gott zu sprechen. Sie haben den Schöpfer in der Schöpfung erkannt. Sie liebten, verehrten und beschützten die Natur als die sichtbare Form Gottes.

Wir sollten versuchen, diese Haltung in uns wieder zu erwecken. Heutzutage ist die größte Bedrohung der Menschheit nicht der dritte Weltkrieg, sondern der Verlust der Harmonie in der Natur – unserer immer größer werdenden Trennung von der Natur. Daher sollten wir uns fühlen wie jemand, dem das Wasser bis zum Hals steht. Nur dann wird die Menschheit überleben.

Das Leben wird vollkommen, wenn die Menschheit und die Natur zusammengehen, Hand in Hand, in Harmonie. Wenn Melodie und Rhythmus einander entsprechen wird die Musik schön und angenehm für die Ohren. In gleicher Weise wird das Leben zu einem wunderschönen Lied, wenn die Menschen im Einklang mit den Naturgesetzen leben.

Amma möchte nun noch ein paar Punkte ansprechen, die sie für wichtig hält.

1. Man soll sich vorstellen, dass die menschliche Rasse von diesem Planeten verschwunden wäre. Die Erde würde wieder bedeckt von Pflanzen. Das Wasser würde wieder rein. Die Luft würde wieder sauber. Die gesamte Natur wäre von Freude erfüllt. Im Gegensatz dazu soll man sich vorstellen, dass es kein anderes Leben als das menschliche auf der Erde gäbe. Dann wären die Menschen nicht in der Lage, zu überleben. Diese Erde ist von Gott erschaffen worden. Das Lied der Natur ist perfekt in Harmonie und Rhythmus. Es sind nur die Menschen, die da eine Dissonanz erschaffen.

2. Die Quelle von Frieden und Harmonie ist Liebe und Mitgefühl. Durch Liebe wird die zarte Blüte unserer Herzen erblühen. Der wunderbare Duft der Liebe wird sich überall verbreiten.

3. Der Vogel der Gesellschaft hat zwei Flügel: Wissenschaft und Spiritualität. Die beiden

müssen Hand in Hand gehen. Der Fortschritt der Gesellschaft benötigt sie alle beide. Wenn wir unsere spirituellen Werte bewahren und uns weiterentwickeln können, dann wird die Wissenschaft ein Werkzeug für Frieden und Harmonie.

4. Wir sollten niemals unsere innere Stärke verlieren. Nur schwache Gemüter sehen die dunkle Seite von allem und werden verwirrt. Doch diejenigen mit Optimismus sehen die Strahlen von Gottes Gnade in jeglicher Dunkelheit. Die Lampe des Glaubens ist in uns. Wir sollten diese Lampe anzünden. Dann wird sie ihr Licht leuchten und jeden einzelnen unserer Schritte leiten. Wir sollten nicht in den schmerzhaften Erinnerungen an die Kriege und Konflikte der Vergangenheit stecken bleiben. Wir sollten die dunkle Geschichte von Hass und Rivalität vergessen und eine neue Ära des Glaubens, der Liebe und der Einheit willkommen heißen. Dazu müssen wir alle zusammenarbeiten. Keine Anstrengung, egal wie klein sie auch sein mag, ist umsonst. Wenn nur eine einzige Blume inmitten einer Wüste erblüht, ist das auch schon etwas wert. Dies ist die Einstellung, mit der wir unsere

Handlungen vollziehen sollten. Unsere Fähigkeiten mögen beschränkt sein. Doch wenn wir das Boot des Lebens mit dem Paddel der eigenen Bemühungen antreiben, wird uns der Wind von Gottes Gnade definitiv zu Hilfe kommen.

5. Wir sollten bereit sein, uns zu verändern. Andernfalls werden wir dazu gezwungen. Ohne Veränderung kommt der Tod – wir können zwischen dem einen oder dem anderen wählen.

6. Wie viele Tier- und Pflanzenarten sind bereits ausgestorben? Die menschliche Rasse sollte verstehen, dass wir nicht die einzige Lebensform sind, die ein Recht auf Leben hat. Es genügt nicht, nur den Menschen Freundschaft und Mitgefühl entgegen zu bringen; wir müssen allen lebenden Wesen gegenüber mitfühlend sein.

7. Wir werden den Krankheiten nicht dadurch entkommen, indem wir einfach die Moskitos, Hühner und Kühe töten. Die Wiederherstellung der Harmonie in der Natur sollte oberste Priorität haben.

Wenn die Ursache von Krieg das Gemüt der Menschen ist, dann liegt dort auch die Quelle von Frieden. Wenn wir künftig Krieg vermeiden wollen, sollten wir unseren Kindern schon von Anfang an Werte vermitteln. Wenn wir Jogurt machen wollen, brauchen wir lediglich der Milch ein wenig Jogurt zuzufügen, sie umzurühren und eine Weile stehen zu lassen. Gleichermaßen sollten die Eltern den Kindern ein gutes Vorbild sein und ihnen gute Werte vermitteln. Dann werden diese Qualitäten ganz natürlich in ihnen wachsen.

Wenn Amma um die ganze Welt reist, kommen auch Menschen aus Kriegsgebieten zur ihr. Amma hat von Frauen aus Kriegsgebieten gehört: „Wir wachen morgens zum Geräusch von Gewehrsschüssen und dem Geschrei von Menschen auf. Unsere Kinder klammern sich ängstlich an uns und weinen; wir halten uns ebenfalls an ihnen fest und weinen. Es ist schon so viele Jahre her, dass wir zum Gesang der Vögel erwacht sind." Lasst uns beten, dass das Knallen der Gewehrsschüsse in diesen Gebieten schon bald vom Gesang der Vögel ersetzt wird und dass Jung und Alt in Gelächter ausbrechen, statt in Tränen.

Amma hat oft das Gefühl, dass es schon schön wäre, wenn - wie in einem Kinderspiel – die Bomben statt Splittergeschossen Schokolade und Bonbons verteilten; oder wenn sie einen lieblichen Duft verströmten; oder wenn sie den Himmel mit den Farben des Regenbogens erfüllen würden. Wenn die Wellen der Zerstörung doch nur Wellen des Mitgefühls wären. Mit den modernen Waffen kann der Mensch Ziele mit tödlicher Genauigkeit anvisieren. Wenn wir nur mit der gleichen Genauigkeit den Armen, Hungernden und Obdachlosen helfen könnten!

Lasst uns zusammenhalten und der Welt zeigen, dass Mitgefühl, Liebe und Fürsorge für einander nicht völlig von der Erde verschwunden sind. Lasst uns eine neue Welt des Friedens und der Harmonie aufbauen, indem wir tief in den universellen Werten, die die Menschheit seit Urzeiten genährt haben, verankert sind. Lasst uns den Krieg und die Brutalität verabschieden, so dass sie nur noch in Märchengeschichten vorkommen. Lasst uns als eine Generation des Friedens in die Zukunft eingehen.

||Om lokah samastah sukhino bhavantu ||

www.ingramcontent.com/pod-product-compliance
Lightning Source LLC
Chambersburg PA
CBHW070440080426
42450CB00032B/3203